SOMOS LOS MEJORES AMIGOS

Shanna Wrazen

Traducción al español: José María Obregón

Rosen REAL READERS en español

Rosen Classroom Books & Materials
New York

Leo libros con mi mejor amiga.

Juego al fútbol con mi mejor amigo.

Vuelo una cometa con mi mejor amigo.

Paseo en bicicleta con mi mejor amiga.

Brinco la cuerda con mi mejor amiga.

Como pizza con mi mejor amigo.

PALABRAS QUE DEBES SABER

(los) amigos
(las) amigas

(las) bicicletas

(la) cometa

(la) cuerda

(la) pizza